2

LES
ACTIONS
DV TEMPS.

M DC. XXII.

Les Actions du Temps.

NOus auons en la preſente année
1 6 2 2. trois ſortes d'Almanachs,
l'vn compoſé par Maiſtre Iean
Petit, au haut duquel l'on a figu-
ré pluſieurs perſonnes tirer le diable par la
queuë, le ſecond par le Curé de Mille-
mont, au haut duquel on a figuré l'action
des joüeurs de boulles, le troiſieſme par
Iean Belot, au haut duquel eſt repreſenté
vne magnificence Royale, d'vne armée aſ-
ſembleé pour quelque grand effect.

Figures qui me ſembloyent prognoſti-
quer muettemēt quelque choſe du temps,
& comme i'ay voulu en ſçauoir le ſubject,
ie me ſuis mis à frequēter toutes ſortes de
perſonnes, & ſans faire aucune perquiſi-
tion ou enqueſte, i'ay ouy de mes oreilles
ce qui ſe rapporte à la figure meſme.

Le Marchand ſe plaint de la peine qu'il
prend, d'ouurir & fermer ſi ſouuent ſa

bouticque sans rien vendre pour l'abfence de la Cour.

Le manouurier de ne trouuer plus à trauailler, & de ne pouuoir eftre payé de ce qu'il faict & deliure.

Le Bourgeois de ne trouuer point de loccataires, pour fa maifon fa boutique & fa chambre.

L'officier, pour fa finance qu'il paye fi fouuent, pour les nouuelles attributions que l'on faict à fon office.

Le Iuge pour n'auoir plus de diftribution de procez.

Le Procureur, pour ne receuoir plus d'affignations.

Les Clercs du Palais maudiffent Chalange & fon Edict.

Les pauures de ce que l'on ne donne plus rien.

Les Preftres, de ce que l'on ne faict plus d'enterremens ny d'offrandes, à caufe des rangs.

L'Vniuerfité, de ce que les Iefuites enuahiffent tous les Efcoliers.

Les Curez, de ce que les Moynes reguliers enticipent fur leurs charges.

Le Huguenot, de ce qu'il eft forcé de rendre obeyffance, & qu'il n'a plus rien à faire imprimer contre les Iesuites.

Les filles, de ce qu'ils ne peuuent auoir de mary pour leur argent.

Les garçons de ce qu'ils ne peuuent atteindre aux Offices.

Les petites Bourgeoises, de ce qu'ils ne sont pas assez braues à leur gré.

Le Paysan de ce qu'il a peu de grappes aux vignes.

Et bref chacun se plaint, & en quelque endroict que j'aille, ie ne voy que de tristes visages, des furieux des fols, & toutes gens qui tirent le diable par la queuë.

Pourtant il n'y a si belle reigle qu'elle n'ait son exception: car il y a trois sortes de gens qui n'en sont pas, les Capucins & les Pedescots viuent d'vn esprit content, inspirez de la grace de Dieu.

Les Vsuriers qui font courir leur argent au denier dix, sous promesse & obligations.

Et les gros Abbez & Prieurs, qui viuent sans soucy en table grasse, & iamais ne se faschent, sinon que la perdrix est trop long temps à couuer.

Mais le moyen de mettre toutes ses personnes en repos d'esprit, on dict que le Pere Coton, le Pere Arnoult, le Pere Des-

landes,&le PereDraconis,pourroyent ap-
porter toute leurRethoriques,en les pref-
chant,qui ne l'entendroyent pas, ou s'ils
l'entendoyent qu'ils ny croyroyent pas.

Dictes au Marchand,qu'il face fon fils
Marchãds,& qu'il n'afpirent point aux E-
ftats Royaux, comme au temps paffé,il
vous fera la nicque,&dira,ie voulons a-
uoir de l'honneur.

Dictes au Bourgeois qu'il ne louë point
fa maifon fi chere,& qu'il la baille à d'hon-
neftes gens,& non à des Garfes,ou à des
reloüeurs, il vous dira qu'il n'a point ac-
couftumé de diminuer fon bien.

Dictes aux Iuges qu'ils doyuent auoir le
moyen de viure de leur patrimoines fans
s'attendre aux efpices d'vn procez,il vous
dira que ce n'eft plus le temps,qu'il à em-
ployé tout fon bien à acheter fon Office.

Dictes à vn homme qui a du bien d'autruy,& qui fe meurt,qu'il reftituë,il dira
& que feront mes enfans.

Dictes à vn Procureur qu'il ne brigne
point la praticque d'autruy,il dira c'eft la
Couftume.

Dictes aux pauures qu'ils trauaillent ou
qu'ils s'en retournent à leur pays,ils vous
diront que vous eftes vn mefchant,que

vous n'auez aucune commiſeration, tant
ils ſont accouſtumez à la ſouppe graſſe.

Bref qui eſt cauſe de ceſte confuſion, c'eſt
l'auarice, l'arrogance, & la neceſſité: & encores ſourdement dit-on qu'il y a vn peu
de la faute de ceux qui tiennent la Police,
qui permettent tout ſans impunité.

Et que la Cour de Parlement faict ſon
deuoir de donner force Arreſts & Reigle-
ments : mais que c'eſt aſſez qu'ils ſoyent
mis en placart: car de les faire executerque
cela deplairoit à trop de gens.

Que c'eſt aſſez que le(quod'Henry) &
l'Ordonnance 57. ſoyent eſcrits en belle
impreſſion , ſans qu'ils ſoyent obſeruez,
d'autant que cela feroit tort à beaucoup.

Et que feroit la pluſpart du peuple de
Paris, comme s'entretiendroit le Caroſſe
ſi on faiſoit le procez ,àceux qui prettent à
vſure aux deniers dix,

Et puis ne feroit pas raiſonnable da caſ-
ſer les Offices des Couratiers, qui font ce
traffic , ſur le Change, & qui expoſent en
vente, les benefices & les mandements de
l'Eſpargne le feroit leur faire tort.

Mais pourtant cela eſt cauſe que tout le
monde tire le diable par la queuë: car quát
les Ordonnances ſont obſeruées, on em-

pefche bien ce monopole.

Pourtant i'excufe tout le monde qui faille? car il femble qu'a prefent on ne peut viure en bien faifant.

Au temps paffé, vn Clerc eftoit Maiftre apres auoir feruy dix ans, à prefent Monfieur Chaiange, le Monopoleur, eft caufe qu'il eft contrainct de vēdre fon patrimoine, & encores emprunter pour acheter vn mefchand Eftat, qui ne le peut nourir fix mois en vn an, fi ne defrobbe.

Au temps paffé, on ne permettoit point au Marchands de tenir bouticque, qui'l ne fut parifien, ou qu'il n'euft faict chef-d'œuure, à prefent chacun eft Maiftre par lettres, fans chef-d'œuure, & tous les Marchands font Eftrangers.

Au temps paffé on ne permettoit point trauailler qu'en bouticque, à prefent les Manouuriers font en Chambre, & les faux bourgs en abondent.

Au temps paffé il n'y auoit que cinquante Procureurs de la Cour, honorables & dont le nombre n'excedoit point, à prefent il y en a cinq cens, la plufpart n'ont pas le moyen de manger des trippes pour le peu de gain qu'ils font.

Au temps paffé le bien proffitoit aux
particuliers

particuliers, d'autant qu'ils l'acqueroient
auec trauail & sans larcin, à preset c'est vn
sot qui ne sçait faire ses affaire aux des-
pens d'autruy.

Au temps passé le Bourgeois estoit vestu selon sa qualité, à present on ne co-
gnoist point le Marchand d'auec le Noble.

Au temps passé on pouuoit marier les
filles auec peu d'argent, à present il faut
que la pluspart de ses desbauchēt pour tenir en procez ceux qui les entretiennent.

Au temps passé la Noblesse estoit noble
du costé des masles & des femelles à present ils sōt mixtes, car ils espousent les filles des roturiers.

Au temps passé, le beau bien & le plus
apparent estoit le pignon sur ruë, à present
le plus beau se font offices, & l'argent à
vsure.

Au temps passé les Catholiques se con-
fessoient des pechez mortels, & faisoient
restitution, à present on ne dit que les pechez veniels, & on ne rend rien.

Au temps passé, le paysan portoit vne
iaquette à thuyau d'orgue, à present on ne
le peut distinguer d'auec le Marchand.

Au temps passé on ne briguoit point les

charges publiques, & on y mettoit que de vieux prud'hommes, à present il n'y à que de ieunes barbes, qui n'ont que l'auarice en recommandation.

Au temps passé on respectoit la vieillesse quoy que pauure, a present on les appelle radotteurs.

Au temps passé, ceux qui auoient plus d'enfans, & plus de charges, estoient honorez, à present on ne veut point de leur alliance.

Au temps passé, on se fioit à l'ordonnance du Medecin pour sa santé, à present les drogues du Charlatan ont lieu, & si ils tiennent bouticque publicque.

Au temps passé, le Iuge se contentoit du mulet, à present quatre roussins pour le carosse, & Bucephale pour la housse.

Au temps passé vn seruiteur honnestement vestu auec vn manteau suiuoit Monsieur le Financier, à present six lacquais l'espee au costé, affin que personne ne gronde.

Au temps passé, ceux qui viuoiēt comme Bobye estoient reputez gens de bien, à present il est reputé vn archifol.

Au temps passé on distingoit à peu pres chacun officier à son habit, à present tout eſt eſgal.

Courage enfans continuons ce deſordre, affin que la France aye ceſt honneur,
que de deuenir comme la Rebublique
Romaine.

Car la trop grande liberté du peuple, la
brigue du Conſulat, l'achapt des voix, le
larcin public, la richeſſe de Lucullus, la
gourmandiſe de Cayus a eſté le principe
de ſa decadence.

Or i'eſpere qu'il n'en ſera pas ainſi de
Paris, car elle commence à ſe bien regler,
ceux qui la gouuernent y ont eſté mis de
force, & pour l'antiquité de leur race.

On n'entend plus meſdire publiquemét
comme l'on faiſoit, ſi ce n'eſt du Roy ou
des Ieſuites.

On ne fait plus d'aſſemblee clandeſti-
nes, ſi ce n'eſt aux faux bourgs, ſur le Pont
neuf ou ſur le Change, pour reprimander
les actions du Roy.

Perſonne n'eſt bien venu en compa-
gnie, s'il ne parle en Politique, & qu'il ne
diſe que le Roy eſt mal conſeillé qu'il ne
fait la paix.

On n'imprime plus rien qui ne ſoit vray,
teſmoin la genealogie des Ieſuites, & la liberté des Fráçois, compoſez par du Mou-

lin & le Doyen de la porte S. Bernard.

On commence à auoir bonne Police sur les viures, l'esclanche n'est plus venduë que trente sols, a cause de la quantité de pois & feues.

Dieu mercy nous aurons d'oresnauant en nos Cours souueraines, force ehfans de Tauerniers, puis que leur pere à destruit la ieunesse à les traicter à deux pistoles pour teste.

A Paris d'oresnauant nous serons dispensez de faire estudier nos enfans & cela espargnera bien, car pour de l'argét ils seront officiers, & serót receus sous l'Escot.

Les Financiers, les Partisans, & leurs enfans seront Presidens des Cours souueraines pour faire iustice à leurs parens, ou pour garder que l'on ne leur face.

On ne donnera plus d'oresnauát, d'inuention à Monsieur le Sur-intendant de trouuer de l'argent pour le Roy si ce n'est par la vente de son Domaine, Aydes, & Tailles.

Et puis on va deffendre à Messieurs les Comptes de s'enquerir d'où procedét les comptans de l'espargne, car il y en a pour deux millions d'interests payez à gens qui ne faut pas dire, car on auroit la ferulle.

Ceux qui ont mieux faict leurs affaires auec
le Marquis d'Ancre & Monsieur le Conneſta-
ble commencent à en meſdire publiquement,
pour dire qu'ils n'en ſont pas, de peur d'encou-
rir la loy *reſtituendi*.

Bref tout s'en va bien regler, & tout ainſi que
pour ramanteuoir le peché de S. Pierre , on
a mis au haut des clochers, le coq qui fut cauſe
qu'il ſe recognut, afin que la poſterité le ſça-
che, auſſi pour ramanteuoir les genereux actes
faits par le Mareſchal d'Ancre, qui à commen-
cé le deſordre , on commence à le mettre en
ſculpture , en marbre où il eſt à genoux les
mains iointes , & au deſſus de ſa teſte eſcrit ,
libera me à labiis iniquis & à lingua doloza.

Vne autre aupres, de quelqu'vn qui à eſté grãd
à veoir ſes armes, & de ſa bouche ſort vn eſcri-
ture, qui dict, *qui laudabunt me aduerſum me iurãt.*

Vn autre figure derriere qui n'eſt encores que
eſbauchee d'vn ſien ſeruiteur que l'on dit qui
n'eſt pas mort, mais que l'on taſche à le faire
mourir, qui prononce, *Omnia quecunque voluit
feci , tibi gratias ego quoniam dirumpiſti vincula mea.*

Et ſur le pont Noſtre-Dame en la boutique
d'vn pintre à la premiere Chãbre on commence vn grand Tableau , ou ſa Maieſtè eſt repre-
ſentee en ſon Troſne Royal, comme s'il vou-
loit faire iuſtice à tout le monde, & prononce,
ces mots (*declinantes in obligationes adducentur.*

A ces pieds pluſieurs peuples le chappeau au
poing baiſſans la teſte, & le pintre les repreſẽte
pour les habitans du Nauarrin leſquels à force

d'eſtre picquez par le cul par les gardes, pronŏ-
ce, *illuminaſti qui in tenebris ſedebant.*

A coſté du Troſne, ſont crayonnez pluſieurs
habitans Catholiques qui ſortent de pluſieurs
villes priſes, qui diſent, *Beatus qui eduxit Iſraël
de medio eorum in manu potenti & brachio excelſo.*

L'on voit vne teſte d'vn homme aſſez vieil,
dont le corps eſt dans la preſſe, le pintre dit que
ſe ſera Monſieur du Pleſſis Mornay, qui ne
peut auoir de place comme autresfois, qui dict
Humiliatus ſum vſquequaque.

Vn autre à vn coin qu'il represéte pour Monſieur de Soubize, qui deſdaigneuſement prononce, *Erraui ſicut ouis qui periit.*

Monſieur de Sully, contre lequel le Roy
tonrne la teſte & faict vne ride dict : *Memento
queſo quod ſicut lutum feceris me pater : ne in puluc-
rem reduces me, ſcio quia nemo de manu tua poteſt
eruere.*

Monſieur de la Force y eſt qui s'appuye ſur
vn baſton, & prononce, *Eduxiſti me de caſu mi-
ſeris & de luto fecis.*

On repreſente Monſieur de Rohan enfermé
dans vne tour qui ne monſtre que la teſte? &
s'il tremble en regardant ſa Maieſté & prononce,
*Oſtandis potentiam tuam contra folium quod ven-
to rapitur.*

Sur vn grand ban ſont repreſentez tous les
Iuges, qui diſent au Roy : *Ne extinquas flamas
litum.*

Le menu peuple de Paris qui eſt en nombre
ſur vn eſchaffaut leuant les mains & crient, *Ne*

derelinquas nos ne discesseris.

Plusieurs personnes cachez d'vn rezeau que le peintre nomme Financiers & Vsuriers cryent *Domine iniquitates supergresse sunt caput ideo in flagella paratis summa sed parce.*

Puis à vn coin il y a vn homme de moyenne taille auec vne petite robbe qui tourne le cul aux autres, & qui fait vne humble reuerance à trois ou quatre officiers apparans, ie demande au Pintre qu'il estoit, il dit que cela estoit represété pour vn certain procureur des Comptes, qui estoit escrit en gros, qui brigoit à faire l'appurement de tous ses gens là.

Ce Tableau qui n'est que crayonné ne sera de long temps acheué. Car le pintre ne sçait de quelle façon il fera parler le ROY, ny quelle excellente peinture il y apportera? Car pour les peuples il est aisé à leur donner couleur.

Aux peuples des villes prises il faut des peintures bigarees.

Le peuple de Paris sera bleu.

Les seigneurs reduits en son obeyssance seront de tristamine.

Mais pour le Roy il y a bien à consulter, tant pour la pinture que pour le geste.

S'il luy faict vn œil furieux se sera contre son naturel parce qu'il pardonne.

Si vn visage pasle, cela sembleroit vn esprit vindicatif & dissimulé, ce qu'il n'a rien moins.

S'il luy fait trop tourner la teste, sembleroit mespriser ceux qui demande iustice, se seroit contre son Epitete.

Le poure pintre est bien empesché, il à en-
trepris ce dont il ne viendra pas à bout il y aura
à corriger.

Garre Neuf-bourg, encores qu'il ait deuant
luy le pourtraict d'vn Alexandre pour en tirer
la vertu.

D'vn Annibal pour en tirer la hardiesse.
D'vn Caton pour en tirer l'amour de sõ païs.
D'vn Charles sept & Henry IIII. pour veoir
comme ils ont conquis par force leur patrimoine.

D'vn François premier, qui n'a iamais rien
cedé à Charles le Quint.
D'vn S. Louys pour la pitié.
Et de tous ses personnages il espere en tirer
vne partie de sa perfection pour luy faire pro-
nõcer quelque beau resultat à tous ses peuples.
Ie prie doncques le Pintre de me monstrer ce
qu'il prononceroit : c'est encores où il se trou-
ue le plus empesché, & fait difficulté de le monstrer de peur que cela ne semble trop chetif
pour vn si grand Prince, & m'a priéde ne le
point dire ny monstrer à personne mais que
l'on estoit d'aduis de luy faire prononcer, *De
viuis misericordiam & gratiam vt exultet terra,
gaudeant Campi & omnia qua in eis sunt.*

www.ingramcontent.com/pod-product-compliance
Ingram Content Group UK Ltd.
Pitfield, Milton Keynes, MK11 3LW, UK
UKHW020127100726
13658UKWH00005B/2400